LE MEDECIN VOLANT,

COMEDIE.

SCENE PREMIERE.

LISE, CLEON.

LISE.

N'INSVLTEZ - point de grace au malheur
de Lucreſſe,
Ie ſçay qu'il a pour vous vne forte
tendreſſe ;
Mais enfin de ſon pere elle craint le pouuoir,
Et ne peut ſe reſoudre au plaiſir de vous voir :
Vne fille bien née a toûjours de la crainte.

CLEON.

Que veux-tu, la douleur dôt mon ame eſt atteinte ;

A 2

Rend ma plainte équitable , & me fait murmurer
Contre vn objet charmant que ie dois adorer ;
Mais Life à fa feneftre vne prompte efcalade
Peut m'ouurir vne voye ?

LISE.

Elle fait la malade,
Monfieur & le vieux Rétre eft party du matin ,
Pour chercher par la Ville vn expert Medecin :
Sans rien efcalader pour voir vne Maiftreffe,
Vn Amant dans fa manche a toûjours quelque
addreffe ,
Mettez tout en vfage & puiffance, & fçauoir ;
Sans choquer fon honneur effayez de la voir,
Il n'eft point de moyen que l'amour n'autborife,
Sur tout .... mais du Vieillard ie crains vne fur-
prife,
Ah Dieu ! penfez à vous, & vous reffouuenez
Qu'il n'eft rien d'impoffible aux cœurs paf-
fionnez.

SCENE II.
CLEON feul.

AVx cœurs paffionnez il n'eft rien d'impof-
fible,
Ie l'auoûë, & ie trouue vn moyen infaillible
De donner à mon ame vn moment de repos:
Il faut .... mais ô Crifpin que tu viens à propos.

SCENE

LE MEDECIN VOLANT.

Comedie Burlesque.

A LYON,

Chez CHARLES MATHEVET, rüe
Merciere, à S. Thomas d'Aquin.

M. DC. LXVI.

AVEC PERMISSION.

ACTEVRS.

CLEON,   Amoureux de Lucrece.

FERNAND,   Pere de Lucrece.

LVCRECE,

LISE,   Sa Suiuante.

PHILIPIN,   Valet de Fernand.

CANTRAS,   Medecin.

CRISPIN,   Valet de Cleon & faux
                  Medecin.

La Scene est

LE

SCENE III.

CLEON, CRISPIN.

CRISPIN.

IE vous cherche par tout pour vous rendre,
  Monſieur

CLEON.

Si tu ſçauois ce que Liſe m'annonce
Cher Criſpin.

CRISPIN.

Il m'a dit que tantoſt ſur le ſoir,

CLEON.

Quand on a de l'amour, & qu'on a de l'eſpoir.

CRISPIN.

Ie vous dis & redis qu'il m'a dit de vous dire.

CLÉON.

Pour des charmes ſi doux lors qu'vne ame ſoû-
  pire,

CRISPIN.

Vous plaiſ il de m'entendre, ô braillard maudit,
Ou ne diray ie mot ?

A. 3

CLEON.

Tu m'en as assez dit ,
Le temps m'est precieux, & ma flamme me
      presse ;
Raisonnons entre nous , ie me meurs pour Lu-
      cresse.

CRISPIN.

Mourez-vous?

CLEON.

Son visage a des attraits puissans,
Elle asseruit mon ame, elle charme mes sens;
En vn mot ie l'adore, & son Pere me l'oste,
Tu le vois.

CRISPIN.

Il est vray, mais ce n'est pas ma faute.

CLEON.

D'accord, de mon malheur ie ne puis t'accuser,
Mais tu connois son Pere, il le faut abuser:
Qu'en dis-tu?

CRISPIN.

Moy, Monsieur, abusez, que m'importe?

CLEON.

Il la tient enfermée, & ie veux qu'elle sorte.

Mo

Mon cœur pour cét effort ne s'addreſſe qu'à toy :
Car enfin...

CRISPIN.

A preſent il m'importe ma foy,
A moy Monſieur

CLEON.

A toy rends mon ame charmée.

CRISPIN.

Ne me dites-vous pas qu'il la tient enfermée ?

CLEON.

Ouy.

CRISPIN.

Ie n'y puis que faire, en quel lieu du logis ?

CLEON.

C'eſt deſſus le derriere.

CRISPIN.

Ouy.

CLEON.

Ouy.

CRISPIN.

Ouy.

CLEON.

Ouy.

CRISPIN.

Tampis.

CLEON.

Ie t'ay dit ma penſée , inſtruis-moy de la tienne.

CRISPIN.

Elle eſt enfermée.

CLEON.
Ouy.

CRISPIN.

Que la belle s'y tienne.
Voila ce que ie penſe.

CLEON.

Ah ! c'eſt trop s'amuſer.
Ecoute ſans ſcrupule, il te faut déguiſer.

CRISPIN.

Me déguiſer, Monſieur, & pourquoy ?

CLEON.

C'eſt pour cauſe.
Ie veux bien en ce lieu t'informer de la choſe,
Pour faire pleinement reüſſir mon deſſein.
Il faut eſtre aujourd'huy Medecin.

CRISPIN.
Medecin

Bon Dieu !

CLEON.

CLEON.

Sans perdre icy d'inutiles paroles
Ce seruice rendu te vaudra six pistoles,
Si le gain t'encourage, auise, les voila,
Examine?

CRISPIN.

Mon Dieu ce n'est pas pour cela,
Medecin?

CLEON.

Medecin, ie n'ay point d'autre ruse.

CRISPIN.

Mais il faut de l'esprit, ie ne suis qu'vne buse,
Et de plus.

CLEON.

C'est à tort que tu prens de l'effroy,
Le Pere de Lucrece a moins d'esprit que toy,
Ce Vieillard chassieux connoit peu ton visage,
Et tu sçais... il auance, il me voit, i'en enrage,
Ie le vais aborder, vas m'attendre chez moy,
I'auray soin de m'y rendre aussi vîte que toy.

CRISPIN.

Mais à moins de m'instruire, apprenez......

CLEON.
                                        Va-te dis-je,

Ie te suis.

SCENE

SCENE IV.

CLEON, LE PERE, PHILIPIN.

CLEON parlant au Pere.

L A douleur de Lucrece m'afflige,
Monsieur quoy que mes soins luy soient
    indifferens,
Ie viens vous informer de la part que i'y prens :
Heureux, quoy que toûjours sa beauté me ca-
    ptiue,
Si pour d'autres que moy j'apperçois qu'elle viue,
Et toûjours trop heureux, si le vœux que ie fais
D'vn secours necessaire auance les effets,

Il fort Adieu.

SCENE V.

LE PERE, PHILIPIN.

LE PERE.

M A pauure fille, elle va rendre l'ame,
Philipin,

PHILI

PHILIPIN.

C'eſt à vous que i'en donne le blâme,
A la pouruoir d'vn homme on a trop retardé,
Vn Pucelage nuit quand il eſt trop gardé :
C'eſt cela qui l'étoufe, & ces ſortes de choſes....

LE PERE.

Point, point, ſa maladie a de plus iuſtes cauſes,
Mais retourne au plus vîte, & va voir, Philipin,
Si l'on attend bien-toſt ce ſçauant Medecin,
I'apprehende bien fort que Lucrece ne meure.

PHILIPIN.

S'il eſtoit de retour il viendroit tout à l'heure,
On l'a dit.

LE PERE.

Il eſt vray, mais apprens mon ſoucy,
D'autres peuuent l'attendre, & l'amener auſſi,
Et pour lors tout mon cœur accablé de triſteſſe,
Si Lucrece enduroit,

PHILIPIN.

Peſte ſoit de Lucreſſe ?
Elle a le choix de viure, ou du moins de mourir,
Quel plaiſir elle prend à me faire courir.

LE PERE.

Sur tout ne reuiens point que tu ne me l'ameine
Ie te prie.

Il s'en va.

SCENE

SCENE VI.

LE PERE

EN mon âge ô bon Dieu, que de peine!
Et que dans mes vieux ans.

SCENE VII.

LE PERE, CRISPIN

EN SOVTANE.

CRISPIN.

Pythagore, Platon,
Achauide, Pancrace, Hefiode, Caton.

LE PERE.

Quel feroit ce Docteur, écoutons,

CRISPIN.

Caligule.

LE PERE.

O Dieux?

CRISPIN

CRISPIN.

Robert Vinos , Scipion l'Africain,
Odelet, Mascarille, Atistote, Lucain,
Medecin de Cesar, assassin d'Alexandre
Vous voyez vn Phœnix qu'a produit vne cendre,

LE PERE.

Seroit ce vn Medecin, il en parle.

CRISPIN.

Approchez,
Venez voir grand Docteur les mysteres cachez,
De l'Eneïclopedie, & de la Medecine.

LE PERE.

C'en est vn,

CRISPIN.

Venez voir ce que c'est que racine
De la Mer Arabique, & le flux & reflux.

LE PERE.

Monsieur,

CRISPIN.

Que voulez-vous? *Ego sum Medicus* ,
Medecin passé Maistre, Apprentif d'Hippocrate;
Ie compose le baume, & le grand Mytridate:
Ie sçais par le moyen du plus noble des Arts,

B

Que qui meurt en Fevrier, n'eſt plus malade en
     Mars ,
Que de quatre Saiſons vne année eſt pourueüe,
Et que le mal des yeux eſt contraire à la veüe.

LE PERE.

Ie ne ſçaurois douter d'vn ſi rare ſçauoir ,
Si j'oſois vous prier ,

CRISPIN.

       De quoy parler,

LE PERE.

       De voir
Vne fille que i'ay que chacun deſeſpere.

CRISPIN.

Vous auez vne fille, & vous eſtes ſon Pere
A çe conte ,

LE PERE.

    Ouy Monſieur , i'ay peur de la mort.

CRISPIN.

Elle eſt donc fort malade ?

LE PERE.

    Ouy, Monſieur,

CRISPIN.

CRISPIN.

Elle a tort
Ie luy veux conseiller qu'elle cesse de l'estre,
Qui domine sur nous s'en veut rendre le maistre
Ors le mal dominant par d'occultes ressors
Il corrompt la matiere, il rauage le corps,
L'indiuidu qui souffre au moment qu'il s'épure,
D'vn peu d'Apotheose entretient sa nature,
La vapeur de la terre opposée à ce mal
Dans l'humaine vessie establit vn canal,
Le Cancer froidureux rend l'humeur taciturne,
Le vaillant Zodiaque enuisage Saturne,
Et s'il faut qu'auec eux i'en demeure d'accord
Rien n'abbrege la vie à l'égard de la mort,
Ce sont de ces Autheurs les leçons que i'emprunte,
Vostre fille à propos seroit-elle defunte?

LE PERE.

Non, Monsieur,

CRISPIN.

Mange-t'elle?

LE PERE.

Vn petit, grace aux Dieux!

CRISPIN.

Elle n'est donc pas morte?

LE PERE.

Elle, Nenny?

CRISPIN.

     Tant mieux
Ie m'en réjouys fort,

LE PERE.

    Et dequoy ? cette vie
Auant la fin du iour luy peut eftre rauie ?

CRISPIN.

Tant pis, l'a-t'on fait voir à quelque Medecin?

LE PERE.

Nullement.

CRISPIN.

Elle a donc quelque mauuais deffein?
Puifqu'elle veut mourir fans aucune ordonnance,
De ces fortes de morts noftre Ecole s'offenfe,
Quand vn homme fe trouue en eftat de perir
Toûjours vn Medecin doit l'ayder à mourir,
Et c'eft faire éclater des malices enormes
Que vouloir refufer de mourir dans les formes :
Inftruifez voftre fille & luy dites du moins
Pour mourir comme il faut qu'elle attende mes
    foins,
Son ame à deloger eft trop impatiente,
Monfieur;

          LE

LE PERE.

Permettez-moy d'appeller sa Suiuante,

CRISPIN.

Appellez, ie le tiens, ô le franc animal !!

LE PERE.

Hola, Life ?

SCENE VIII.

LISE, LE PERE, CRISPIN.

LISE.

AH! Monfieur, voftre fille eft fort
mal

LE PERE.

Que fait-elle, ie tremble,

LISE.

Elle fe plaint du ventre,
Elle fort de fon lit, puis apres elle y rentre,
Se promene, fe fied, veut dormir, veut veiller,
Malgré moy de ce pas ie la viens d'habiller.

LE PERE.

D'habiller,

LISE

D'habiller, sa boutade m'estonne,
Ie crois ... mais ce Gredin vous demande l'au-
                mone
Monsieur,

LE PERE.

Ah ! juste Ciel quel blaspheme tu fais,
C'est l'exemple parfait des Medecins parfaits,
Que j'ay bien du sujet de loüer sa rencontre,

LISE.

Medecin ?

CRISPIN.

Medecin, ma soutane le monstre ;
Mais sans perdre ma peine à preuuer qui je suis,
Par ma seule doctrine aisement ie le puis,
De la fille egrotante apportez de l'vrine,
Apportez ?

LE PERE à LISE.

Allez vîte en querir ?

CRISPIN.

l'examine
Ce que cette malade à peu prés peut auoir,

Mais

Mais ie vois de l'vrine, & ie vay le sçauoir,
Approchez ?

SCENE IX.

LE PERE.

DE frayeur i'ay mon ame allarmée.

LISE.

En voila,

CRISPIN.

Voyez-vous comme elle est enflammée,
Mauuais signe,

LE PERE.

O bons Dieux, il en boit.

CRISPIN.

Ie crois bien :
Mais qui boit pour si peu ne comprent iamais
rien,
Allez-en querir d'autre ?

LE PERE.

Allez vîte ?

B 4

CRISPIN.

Mon Prince,
Assez d'autres Docteurs d'vne étofe plus mince
Se seroient contentez du raport de leurs yeux,
Mais à croire sa langue on en iuge bien mieux,
Boisrobert nous enseigne en sa belle Plaideuse,
Que le goust est solide, & la veuë est trompeuse,
Et qu'vn grand Medecin quand il fait ce qu'il
          doit ;
Il sent mieux vne chose à la langue qu'au doigt.

LE PERE.

A ces fortes raisons ie n'ay point de replique.

─────────────────

SCENE X.

LISE reuenant auec vn verre.

A Pisser comme il faut ma Maistresse s'applique
Monsieur, & cependant ie n'en ay qu'vn filet,
Voyez.

CRISPIN.

Pauure pisseuse allez au Robinet
En tirer ?

LISE.

Mais, Monsieur,

CRISPIN.

CRISPIN.

Mais que cette pisseuse
Fasse vne ample pissée, & qui soit copieuse
Copieuse!

LISE.

Ma foy, ma Maistresse ne peut,
On n'a pas le pouuoir de pisser quand on veut,
C'est donner à Lucrèce vne peine trop grande
Que vouloir,

LE PERE.

Dites-luy que Monsieur le commande,
Courez vîte.

LISE.

Monsieur, vostre fille n'a peu,
Mais enfin pour vous plaire à l'instant elle a beu,
Si Monsieur veut attendre à luy rendre seruice
Au plus tard dans vne heure il faudra qu'elle pisse.

CRISPIN.

Elle a raison.

LISE.

De plus pour chasser son soucy
Elle s'est resoluë de venir iusqu'icy,
Elle vient.

SCENE

SCENE XI.

LVCRECE, LISE, CRISPIN, LE PERE.

LVCRECE.

AH ! mon Pere,

LE PERE.

Ah ! ma fille,

LISE.

Courage ?

LVCRECE.

Ie me meurs.

CRISPIN.

Ie luy trouue vn paſſable viſage,
Seruiteur, ſi pour vous nos remedes ſont vains
Vous aurez le plaiſir de mourir par mes mains,
Conſolez-vous.

LVCRECE.

Helas !

CRIS

CRISPIN.

Voſtre bras, que ie taſte
Si pour vous il eſt vray que la mort ait ſi haſte,
Donnez, dis-ie, tu-Dieu commeil bat voſtre poux,
I'aurois bien de la peine à répondre de vous,
Et voſtre maladie eſt ſans doute mortelle,
Prenez-y garde?

LE PERE.

O Dieux quelle triſte nouuelle !
Ie ſuis donc bien malade, ô Monſieur,

CRISPIN.

Vous, pourquoy?

LE PERE.

Vous n'auez pris le bras à perſonne qu'à moy?

CRISPIN.

Et cela vous eſtonne, vne tendreſſe extréme
Rend la fille le Pere, & le Pere elle méme,
Entre eux deux la nature eſt propice à tel point
Que le ſort les ſepare & le ſang les rejoint,
Eſtant vray que l'enfant eſt l'ouurage du Pere,
Sa douleur ſur luy-méme aiſément reuerbere,
Et le ſang l'vn de l'autre eſt ſi fort dependant
Que l'enfant met le Pere en vn trouble euident.

LE

LE PERE.

Il eſt vray.

CRISPIN.

Cependant quoy que mon ſçauoir brille
Ie veux bien me roſoudre à taſter voſtre fille,
Voſtre bras !

LVCRECE.

Le Voila,

CRISPIN.

Ie m'en eſtois douté
Il ne vous manque rien que beaucoup de ſanté,
Sans cela,

LVCRECE.

l'ay la mort ſur le bord de la lévre,
Monſieur,

CRISPIN.

Que ie retâte, auez-vons de la fiévre ?

LVCRECE.

Ie ne ſçais,

CRISPIN.

Non,

LVCRECE.

Non ?

CRIS

CRISPIN.

S'y,

LE PERE.

De quoy?

CRISPIN.

Mauuais regal ;
Par fois sans qu'on le sçache on se porte fort mal ;
Voyez-vous?

LE PERE.

De ces maux que ie sçache la cause,

CRISPIN.

C'est la siévre, ce l'est, si ce n'est autre chose,
Mais soit siévre ou migraine, ou cangrene, ou mal-
chaud
Allez, pour la guerir ie sçay bien ce qu'il faut.

LE PERE.

Vne plume, de l'encre,

CRISPIN.

Et pourquoy?

C

LE PERE.

L'ordonnance
Monſieur,

CRISPIN.

Vous-vous mocquez, ie l'ay fait par auance,
Ie me tiens toûjours preſt contre les accidens ;
En voila pour les yeux, pour le flux, pour les dens,
Mais ignorant ſon mal, il luy faut s'il me ſemble
Vne ordonnance propre à tous les maux enſemble,
Il faudra que le ſien ſe rencontre parmy.

LE PERE.

Charitable Monſieur, c'eſt agir en amy.
Cela, quel honneſte homme?

CRISPIN.

En quel lieu couche-t'elle?

LE PERE.

Elle a ſur le derriere vne chambre aſſez belle.

LISE.

Ouy vrayment vne chambre aſſez belle en effet,
Si ſombre,

CRISPIN.

Croyez-moy, le deuant eſt ſon fait,
Qu'on luy meine, auſſi bien la iournée eſt mal ſaine.
SCENE

SCENE XII.

PHILIPIN, CANTRAS, LE PERE.

LE PERE.

Philipin, ayde à Lise?

PHILIPIN.

A la fin ie l'ameine,

Le voicy ;

CRISPIN.

Qui donc, qu'est-ce ?

LE PERE.

Vn sçauant Medecin,

CRISPIN.

Medecin, male-peste !
CANTRAS parlant au Père,
Excusez, ce matin
L'Intendant d'vn Seigneur m'a contraint de me rendre,
Monsieur,

LE PERE.

Mon bon Monſieur, ie n'ay pû tant attendre
Au retour de chez vous pour cauſer mon repos,
Ce fameux Medecin s'eſt offert à propos,
Ie l'ay pris,

CANTRAS.

Monſieur,

LE PERE.

Ouy, mais qu'il a de merite
Si vous ſçauiez ?

CANTRAS.

Ie loüe & ie plains ma viſite
Ie me tiens malheureux d'auoir pû me rauir
Au plaiſir que i'aurois de pouuoir vous ſeruir,
Et de voir la fortune à mes vœux trop cruelle,
M'arracher au bonheur de vous prouuer mon
zele ;
Mais à voir que pour vous a daigné s'occuper
Ie me tiens trop heureux qu'il ait pû l'échaper,
Le plaiſir que ie goûe eſt meſlé dans le voſtre,
Si ie perds d'vn coſté, ie reçouure de l'autre,
Puis qu'enfin de Monſieur le ſublime entretien
D'eſtre vn iour tout à vous m'offrira le moyen,
Mais, Monſieur, pardonnez, ce n'eſt point par
audace
Ie n'ay garde auec vous d'occuper cette place,
C'eſt à vous qu'elle eſt deüe.

CRISPIN.

Ah,

CANTRAS.

Monſieur,

Ah.

CRISPIN.

Paleſanbieu!

CANTRAS.

Sans ceremonie on vous doit le milieu,
Et de grace Hippocrate.... & Monſieur ie vous
      iure
Qu'au lieu de m'obliger, c'eſt me faire vne iniure;
Ie vous prie, Hippocrate.... à quoy bon tout cela,
Conſeruez voſtre place, hé Monſieur la voilà,
Empéchez à vos yeux que ma honte n'éclate.
Ie reprens ma parole, & ie dis qu'Hippocrate
Qui de la Medecine eſt l'illuſtre ornement
De cét Art ſalutaire a parlé doctement.
Medecine eſt, dit-il, vne longue ſcience
Tout à fait dangereuſe en ſon experience,
Car touchant noſtre vie, elle paſſe ſi toſt,
Qu'on a pas le loiſir, d'en juger comme il faut.
Vita breuis, ars verò longa, occaſio autem præceps,
Experimentum periculoſum, iudicium difficile.
Ie me plais à l'eſtude, & j'ay l'ame aſſidüe
A vouloir de cet Art penetrer l'étendüe,
Mais dedans cet abyſme vn eſprit ſe confond,
Plus on l'approfondit, plus il ſemble profoud,

Cri
ſe
met
deu
fois
ſa
ce
y ét
tiét
mil

Cette vtile science en enferme tant d'autres,
Qu'il faudroit que mes yeux égalassent les vôtres,
Ou que de leurs rayons vous puissiez m'éclairer
Pour m'offrir le moyen de ne pas m'égarer.

CRISPIN.

Ho, ho, ho,

CANTRAS.

De plaisir on a l'ame rauie,
Alors que d'vn malade on prolonge la vie,
Et d'vn grand Medecin rien n'egale le sort,
Quand sa seule presence intimide la mort,
Quand il est l'ennemy que la Parque redoute,
Quand sa haute science en detourne la route,
Et qu'enfin le Trépas qui nous fait tous trembler,
Pour ne le pas combatre ayme mieux reculer,
Mortem medicamentis remouet Medicus expers.
Ie ne puis approuuer l'importune Methode,
Mais peut estre, Monsieur, ie vous suis incommode;
Car enfin comme vous les esprits élevez
Aux emplois importans sont toûjours reseruez.

CRISPLN.

Ho, ho, ho,

CANTRAS.

Ie sors donc, mais j'ose me promettre,
Qu'estant mieux occupé vous pourrez me per-
mettre
De chercher vn pretexte à me faire joüir
Du plaisir qu'on reçoit quand on peut vous oüir.

SCENE

SCENE XIII.

CRISPIN, LE PERE.

LE PERE.

HE' bien, ce Medecin vous voyez comme il
  cause,
Qu'en dites-vous?

CRISPIN.

Il sçait quelque petite chose.

LE PERE.

Daignez-moy, ie vous prie, informer de cela,
Touchant la Medecine est-il expert?

CRISPIN.

                              La, là,
Passable.

LE PERE.

    Il n'a pas donc la science parfaite?
Pour qui passeroit-il prés de vous?

CRISPIN.

                        Pour Mazette.

C 4

LE PERE.

Mais durant qu'il parloit vous ne diſiez mot,

CRISPIN.

Dites-vous ....   moy.

LE PERE.

Ouy vrayment ie dis vous,

CRISPIN.

Ie le croy,

Pour pouuoir de cet homme éprouuer la ſcience,
I'ay voulu me reſoudre à garder le ſilence ;
Mais enfin ſi le Drille euſt voulu s'arreſter,
Allez, vous m'auriez veu diablement caqueter,
A deſſein d'empecher qu'vn malade ne meure,
I'allois debagouler du Latin tout à l'heure,
Voir quel temps il fera dans vn viel Almanach,
Reciter tout par cœur les Quatrains de Pybrac,
Et pour mieux vous monſtrer qu'il eſt vray que
          i'excelle ;
Ie ſçais qu'vn lauement fait aller à la ſelle,
I'ay cent fois dans ma vie acheté du ſené,
Et ie dis que le Diable eſt vn Diable damné,
Ie ſoûtiens que le corps eſt le frere de l'ame,
Que Seneque & Pauline eſtoient l'homme & la
          femme,
Que Narciſſe en perſonne autrefois ſe noya,
Et ſemper quoniam tuos Alleluya.

LE.

LE PERE.

Ie ne puis rien comprendre à ces Phrafes de Tite,

CRISPIN.

Ie m'en apperçois bien , mais adieu, ie vous
    quite ,
Ie verray voftre fille ou ce foir, ou demain.

LE PERE.

Monfieur ....

CRISPIN.

Ah,

LE PERE.

Receuez ce Loüis de ma main?

CRISPIN.

Ie n'ay garde,

LE PERE.

Prenez, ie vous dois recompence
Monfieur,

CRISPIN.

Il lu
veut
baill
de l'
gent

Ec

Ie ne ſuis pas vn Marchand de ſcience?

LE PERE.

Hé de grace!

CRISPIN.

ſort. ⸺ Non, non ie vous ſuis ſeruiteur.

SCENE XIV.

LE PERE ſeul.

Qve cét homme eſt habile, & qu'il eſt grand
            Docteur
Ne point prendre d'argent pour des choſes ſi
            bonnes,
Il ne reſſemble point ſes tueurs de perſonnes,
Ces méchans Medecins, qui par vn triſte ſort
En curant noſtre bourſe enrichiſſent la mort,
Voyons ce qu'au logis ſa ſcience a fait naître,
Et ſçachons?

SCENE

SCENE XV.
CRISPIN, LE PERE.

CRISPIN *sans Soutane.*

AV plus vîte, attrapons nôtre Maître?
Rejouïſſance...ô Dieux!c'eſt Fernand
que ie crois ,
C'eſt luy-méme,

LE PERE.

Eſt-ce pas mon Docteur que ie vois,
C'eſt luy-méme , c'eſt luy , voſtre mine eſt pleu-
reuſe,
Qu'eſtes-vous?

CRISPIN *pleurant.*

Moy,Monſieur,vn pauure homme qui gueuſe,

LE PERE.

Quoy tu gueuſes?

CRISPIN.

Monſieur, mes malheurs ſont ſi grands;

LE

LE PERE.

Mais dedans cette Ville as-tu point de parens?

CRISPIN.

Ah, Monsieur, des parens on n'a gueres de grace,
Ie suis frere à mon frere, & c'est luy qui me chasse,

LE PERE.

Il faut donc que sans doute il en ait le sujet,
Qu'as-tu fais?

CRISPIN.

Répandu la moitié d'vn Iuliet,

LE PERE.

Il est donc Medecin?

CRISPIN.

Ouy, Monsieur,

LE PERE.

Il me semble
Que ce frere en colere à peu prés te ressemble.

CRISPIN.

Ouy, Monsieur,

LE PERE.

Penses-tu qu'on le puisse appaiser?

CRISPIN.

Non , Monsieur,

LE PERE.

Si tu veux ie luy vay proposer,

CRISPIN.

Il ne souffrira pas que jamais ie le voye,
Monsieur ,

LE PERE.

Si ie m'en méle, il aura de la ioye,
Ie le viens de quitter , il est fort mon amy.

CRISPIN.

S'il est vray , ie ne sens ma douleur qu'à demy,
Car , Monsieur, ie vois bien que vous estes braue
       homme,
Vous aurez de la peine à souffrir qu'il m'assomme,

LE PERE.

Attens-moy, de ce pas ie m'en vay le chercher?

CRISPIN.

Moy, Monſieur, point du tout, ie m'en vay me
cacher.

LE PERE.

Mais il faut te monſtrer,

CRISPIN.

Ah ! Monſieur, ie ne l'oſe
Sans ſçauoir ſi vos ſoins auront fait quelque choſe,
Ie m'en vay s'il vous plaiſt vous attendre à l'écart.

SCENE XVI.

CRISPIN, en colere auec ſa ſou-
tane, le PERE.

CRISPIN.

AH maraut !

Ie vous iure,

LE PERE.

Ah, Monſieur, vous venez comme il faut,
Vous pouuez en ce lieu m'accorder vne grace.

CRISPIN.

CRISPIN.

Moy, Monſieur, il n'eſt rien que pour vous ie ne
    faſſe,
Commandez,

LE PERE.

Voſtre frere, il a tant de douleur
Que i'ay droit d'eſperer,

CRISPIN.

C'eſt vn coquin, Monſieur ,

LE PERE.

Il a tort, ie l'auoüe, il ſe nomme coupable ;
Mais , Monſieur , vne faute eſt touſiours pardon-
    nable ,
Deſormais il en iure, il veut eſtre meilleur,
Vous aymer, vous ſeruir.

CRISPIN.

C'eſt vn fripon, Monſieur,

LE PERE.

Ne vous puis-je reſoudre à la miſericorde ?

CRISPIN.

C'eſt vn pendart, Monſieur, qui merite la chorde,

LE PERE.

C'est manquer de parole aux plus rares amis,
S'il vous en reſſouuient, vous m'auez tout promis,
Monſieur, ce n'eſtoit donc qu'vne pure grimace,

CRISPIN.

Il eſt vray, ma parole en effet m'embaraſſe,
C'en eſt fait, ie pardonne à ce traitre, il vous plaiſt;

LE PERE.

Il ne tiendra qu'à vous de le voir comme il eſt.

CRISPIN.

Moy, Monſieur, moy le voir en preſence du
Monde?
Quand ie vois ce coquin mon courroux ſe de-
bonde,
Ie ne puis,

LE PERE.

Hé, Monſieur, il ne faut qu'vn inſtant

CRISPIN.

Ie ne le puis, vous dis-ie, vn malade m'attend,
Mais touchant ce maraut, ie conſens qu'il re-
uienne,
Seruit, ſur

SCENE

SCENE XVII.

LE PERE seul.

Qvelque effet que iamais en ad-
uienne
A ce pauure garçon qui friſſonne d'effroy,
Ie veux faire accorder le pardon deuant moy,
Que ſon frere eſt honneſte , il s'en vient de l'ab-
ſoudre,
Et i'oſe....

SCENE XVIII.

CRISPIN ſans ſoutane, LE PERE.

CRISPIN pleurant.

HE' bien, Monſieur, a-t'il pû s'y
reſoudre,
Dois-ie deuant ſes yeux ne paroître iamais ?
Dois-ie ?

LE PERE.

Ne pleure point, i'ay ſçeu faire ta paix,

CRISPIN.

Vous croiray-ie , Monſieur , n'eſt-ce point moc-
querie,

LE PERE.

Quoy tu peux?

CRISPIN.

Ah, Monſieur, ie connois ſa furie,
Il a bien de la peine à pouuoir pardonner,

LE PERE.

Auſſi ne veux-ie pas te laiſſer retourner,
Ie veux qu'il te pardonne en ma propre preſence,

CRISPIN.

Du pardon de ma faute auez-vous l'aſſeurance,
Monſieur,

LE PERE.

Ouy,

CRISPIN.

C'eſt aſſez que mon frere ait parlé
De vos ſoins obligeans ie ſeray querelé,
Monſieur, voſtre bonté pourroit mal me remettre.

LE PERE.

Mais il peut oublier ce qu'il vient de promettre
Puis apres ..

CRISPIN

CRISPIN.

Point, Monsieur , ie le vois fort exact,
Quand on a sa parole, elle vaut vn contract,
Desormais de sa part, ie ne crains nul outrage,
Monsieur,

LE PERE.

I'ay resolu d'acheuer,

CRISPIN.

I'en enrage

LE PERE.

Entre sur ce derriere .

CRISPIN.

Hé, Monsieur, où le voir à cette heure?

LE PERE.

En tout cas, il viendra sur le soir
Entre, dis-ie,

Il s'er
ferme
à la
clef.

SCENE XIX.

LE PERE seul.

EN cecy ma charité se mon-
tre,
Mais de noſtre Docteur recherchons la rencontre,
Il faut battre le fer cependant qu'il eſt chaud.

SCENE XX.

CRISPIN à la feneſtre seul.

ME voila , grace à Dieu raiſonnablement
haut,
Trop obligeant Griſon ta douceur m'aſſaſſine,
Maudy-moy, maudit Maiſtre, & maudite doctrine,
Et maudite Lucrece, & maudits ſix Loüis,
Par qui tous mes eſprits ſe ſont veûs éblouïs,
Maudit quoy, ie commence à connoiſtre ma faute,
Teſtebleu, d'cy là le moyen que ie ſaute,
Il le faut toutefois, taupe à tout,

SCENE XXI.

PHILIPIN seul.

APresent
Ie viens dire.., ma foy, ce sauteur est plaisant,
Il faut pour l'épier qu'vn moment ie me cache,
Mais i'entens que l'on parle, attrapons quelque
coin.

Il se cache d vn côsté Theatre.

SCENE XXII.

LE PERE, CRISPIN en soutane.

CRISPIN.

POur vn gueux comme luy vous prenez trop
de soin,
Il meriteroit bien qu'on punit son audace
Le vaut-rien,

LE PERE.

C'est là haut qu'il attend vostre grace,
Moy ie vous la demande à la charge d'autant.
Si iamais,

CRIS

CRISPIN.

En quel lieu, dites-vous qu'il m'attend
Le coquin,

LE PERE.

Voyez-vous cette grande feneſtré,

CRISPIN.

Il m'entend le Boureau, mais il n'oſe paroître,
De m'auoir offenſé, l'inſolent eſt confus,
Ie n'ay pas le pouuoir de vous faire vn refus,
Mais vne affaire ailleurs appelle ma perſonne,
Vous luy direz, Monſieur, comme ie luy par-
donne,
Adieu iuſqu'au renoir,

LE PERE.

O le pauure garçon!
Allons luy confirmer la parole donnée.

Vieil.
en-
&
pin
e
la
ſtre.

CRISPIN à la feneſtre.

Et bien, Monſieur, & bien,

LE PERE à la feneſtre.

Voſtré paix eſt ſignée,
A ma priere enfin il vous veut pardonner,
Et iuſques en ces lieux, ie veux vous l'amener,
Ne vous ennuyez pas, ie reuiens au plus vîte,

CRIS

CRISPIN à la feneſtre.

Vous me faites du bien plus que ie ne merite.

LE PERE ſortant.

Allons chercher ſon frere, il vient fort à propos.

CRISPIN.

Ca voyons ce fripon, ce modele des ſots,
Ouurez, i'entre,

LE PERE.

Auec vous faut-il pas que ie monte,

CRISPIN.

Pour le bien chatier faiſons luy cette honte,
Montez, ouy montez, non, épargnons ce maraut,
Ecoutez ſeulement ie luy parleray haut,
C'eſt aſſez.

LE PERE.

Ie le veux, refermons cette porte,
Et voyons....

Tandis
que le
Vieil-
lard de
ſcend.
Criſpin
ſaute de
la fene
ſtre en
bas, &
va re-
prendr
ſa robe

Il ferm
la port

SCENE

SCENE XXIII.

PHILIPIN, LE PERE.

PHILIPIN.

Qvoy, Monſieur, vous craignez qu'il
ne ſorte,
Male-peſte le Drille, il ſçait bien d'autres tours
Le manœuure,

LE PERE.

Pourquoy me tiens-tu ce diſcours ?
Ou reſpecte cet homme, ou redoute ma cane,

PHILIPIN.

Quand on eſt Baladin, porte-t'on la ſoutane?
A propos dites donc, vous riez,

LE PERE.

Si ie ris ?
Sot,

PHILIPIN.

Voſtre ſoutané ſaute mieux qu'vn Cabris,
Ie le ſçais, mais chez vous que peut-il aller faire,
Reſpondez s'il vous plait,

LE

LE PERE.

Pardonner à fon frere ,
Il eftoit en courroux pour certain accident.

PHILIPIN.

A ce conte fon frere eft auffi là dedans,
Eft-ce pas ?

CRISPIN dans le logis à la fenetre fans foutane.

Ah fripon friponant ?

LE PERE.

Tiens, écoute!

CRISPIN.

Voyez ce qu'aujourd'huy voftre faute me coute,
Iaurois eu le plaifir de ne iamais vous voir,
Si Monfieur deffus moy n'auoit pas tout pouuoir ;
Mais ie l'honnore plus que perfonne du Monde.

LE PERE à PHILIPIN.

Tu vois bien ?

PHILIPIN.

Pour le moins que fon frere réponde,
Il le doit.

E

LE PERE.

Voftre frere à fon tour ne dit mot,
Qu'il parle ?

CRISPIN.

Entendez-vous, beau pleureux, maiftre fot,
Si ma jufte colere eft fitoft adoucie,
Monfieur ie vous rends grace , & ie vous remercie ;
haut
Ie n'ay pas à deffein repandu ... taifez-vous ?
pleurant   haut.
Si iamais .... paix, vous dif-je , & craignez mille
coups,
pleurant   haut   pleurant
Ie prie .... taifez-vous donc. mais mon cher frere
haut
encore,

PHILIPIN.

Comment Diable fait-il le fûté, ie l'ignore,

LE PERE.

Ils font deux,

PHILIPIN.

Il le femble, il n'en eft pourtant rien,
Mais de bien le fçauoir, ie découure vn moyen,
Dites que deuant vous il embraffe fon frere,

CRIS.

CRISPIN,

N'eſtoit Monſieur Fernand, que ie veux ſatiſfaire,
Pecore,

LE PERE.

Il auroit tort de vous plus offenſer,
Mais, Monſieur, pour me plaire il le faut em-
braſſer,
Et toûjours

CRISPIN.

L'embraſſer?

PHILIPIN.

Que cela l'embaraſſe,
Voyez?

LE PERE.

De vôtre part ie pretens cette grace?

CRISPIN.

Il ſeroit trop honteux, ſi ce bien peu commun;

PHILIPIN.

Ie vous iure ma foy qu'il ne ſont tous deux qu'vn,
Le madré, gardez-vous des fineſſes qu'il braſſe,

LE PERE.

Il fera trop honteux fi ton frere t'embraffe,
L'enfermé,

CRISPIN.

pleurant   haut
    C'eft à luy … paix Monfieur le Badaut,
Paix fripon, paix belitre, & venez icy haut,
C'eft moins par amitié que ce n'eft par contrainte,
Venez, dis-ie …,

LE PERE.

Tu vois ce n'eft pas vne feinte,

PHILIPIN.

Ie n'y vois, ma foy goute, & ne fçay ce que c'eft,

CRISPIN.

A prefent

LE PERE.

A prefent defcendez s'il vous plait,
Ie vous ouure?

PHILIPIN.

Epions, car ou bien ie fuis yvre,
Ou bien,

                              CRIS,

*se met
e ha-
u fur
cou-
&
sé-
t
braf-
fon
s.*

CRISPIN fortant du Logis.

I'ay fait defense au Coquin de me fuiure,
I'en aurois de la honte, il viendra par apres,
Adjeu,

LE PERE.

Ie fuis rauy d'auoir fait cette paix,
Mais faifons fortir l'autre?

PHILIPIN ramaffant la robe de Crifpin.

Ah, ie tiens voftre Quaifon,
Doctiffime,

CRISPIN pleurant en fortant du Logis auec le Pere.

Eft-il loin?

LE PERE.

Affez loin,

CRISPIN pleurant.

Que de peine,
Monfieur,

LE PERE à PHILIPIN.

Hé bien?

Il s
va
ter
fout
dan
coin
The
& r
vîte
rent
par
fene
tã di
le P
entre
la m
fon.

PHILIPIN.

Hé bien sont-ils deux?

LE PERE.

Ah vrayment!

PHILIPIN monstrant la robe à CRISPIN.

Voilà l'vn, voilà l'autre,

CRISPIN.

Ah grands Dieux!

LE PERE.

Quoy? comment?

Que dis-tu?

PHILIPIN.

Qu'a merueille il grimpe vne fenetre

LE PERE en colere.

Ah perfide &

CRISPIN.

Ah, Monsieur, sçachez tout de mon maistre,
Le voicy ...

SCENE

SCENE DERNIERE.

LE PERE, LVCRECE, CLEON, LISE, CRISPIN. PHILIPIN.

LE PERE.

C'Eſt Cleon, c'eſt ma fille, ah ruſé,
Ce Cleon l'a ſeduite, & tu m'as amuſé,
Medecin de malheur ?

CLEON.

Quoy-Monſieur,

LE PERE.

Ie le jure,
Que tu l'épouſeras, ou ie te defigure.

LVCRECE.

Daignez,

LE PERE.

Point de quartier, il ſera ton Epoux ;
Ou du moins,

CLEON.

CLEON.

Cet Hymen a des charmes ſi doux ,
Monſieur,

CRISPIN.

Sans affecter compliment ny ſurpriſe ,
Vous, le fait de Lucrece, & moy, le fait de Liſe
Confondant tout enſemble & nos biens, & les
     leurs,
Faiſons des Medecins ou Volans, ou Voleurs.

FIN.

PERMISSION.

IE n'empéche pour le Roy, l'impreſſe par MATHEVET Marchand Libraire à Lyon, de la Comedie Intitulée *Le Medecin Volant*; & ce pour trois ans, auec les deffences en tel cas requiſes & accoûtumées. FAIT à Lyon, le 27. Ianvier, mil ſix cens ſoixante-ſix.

BOLLIOVD-MERMET.

PErmis l'Impreſſion dudit Liure pour vn an. Fait ce 28. Ianuier 1666.

DESEVE.

www.ingramcontent.com/pod-product-compliance
Lightning Source LLC
LaVergne TN
LVHW022157080426
835511LV00008B/1443